絵でみる！はじめてのインクルーシブ教育

みんなちがって みんな友だち

① 知りたい！学校の友だち

監修：泉 真由子 + 横浜国立大学 D&I教育研究実践センター

小峰書店

はじめに

横浜国立大学理事・副学長・教授
D&I教育研究実践センター　センター長

泉　真由子

みなさんは、どんな学校で勉強して、どんな社会でくらしていきたいですか？

気の合う友だち、おもしろい先生、おいしい給食、得意な教科……。「楽しい」がたくさんある学校で勉強できたらいいですね。

そして「安心できる」学校であることも大切です。からだも心も安全が守られて、安心して勉強したり遊んだりできる学校がいいですよね。

学校には、自分とは考えややり方がちがう人がたくさん集まっています。それは大人になってみなさんが出ていく社会でも同じです。ちがう考えややり方の人がたくさんいるからこそ、学校や社会はゆたかになります。学校は、おたがいのちがいをみとめて、みんなで安心して生きていくことを練習する場になっているともいえます。

「セパレート（分離）した教育は、セパレート（分離）した社会を生む」

これは、国際連合※の「障害者権利委員会」の副委員長だったヨナス・ラスカス氏のことばです。

ヨナス氏はなぜこのようなことを言ったのでしょうか？

それは、世界中で起こっている多くのあらそいは、「ちがい」を受け入れないことに原因があるととらえているからです。たがいのちがいを受け入れ、おりあいをつけながらいっしょに生きていく力を子どものころから身につけることが、国際平和のために最重要だと考えたのです。

※国際連合：第二次世界大戦後の 1945 年、それまでの国際連盟にかわって設立された国際平和機関。

ヨナス氏のこのことばを別の言い方にしてみましょう。

「インクルーシブな教育は、インクルーシブな社会を生む」となります。インクルーシブは、「すべてをつつみこんで」という意味をあらわすことばです。

インクルーシブ教育とは、いろいろな背景（たとえば、障害や国籍、宗教、性別など）をもつ子どもが、毎日いっしょにかかわりあいながら勉強や生活をする学校教育のことです。

多様な背景をもつ仲間が、同じ空間でいっしょに勉強したり遊んだりすると、新しい発見や楽しいことがたくさんあります。しかし、それぞれのできること、できないことや意見のちがいから、うまくいかないことも出てきます。けんかになったり、いやな気持ちになることもあるかもしれません。それでもおたがいの気持ちを伝え合い、相手の置かれている状況を理解し、たがいに少しずつゆずりあって解決策を生み出していくことが必要です。このように、自分とは異なる背景をもつ仲間のことを理解し、相手の立場に立って考える経験をした子どもたちが、インクルーシブな社会、平和な国際社会をつくる重要なにない手となることを、世界中が期待しています。

このシリーズは、「インクルーシブな学校ってこんな学校かな、こんな学校だといいな」ということを絵でわかりやすく解説しています。1巻では、学校にはいろいろな友だちがいること、人はほんとうにさまざまで、そのちがいを知って理解しようということを説明しています。

そして、どんな人に対してもそうですが、相手を理解するときにいちばん大事なことは「対話」です。もし、どう話しかけていいのかわからないときには、この本に書いてあることをきっかけに考えてもらえるとうれしいです。

もくじ

はじめに ……………………………………………………………………… 2
この本の見方 ………………………………………………………………… 5

わたしの大好きな友だち …………………………………………………… 6
外国とつながりがあるよ① ………………………………………………… 8
外国とつながりがあるよ② ………………………………………………… 10

コラム1 みんな、少しずつちがう ……………………………………… 12

パンやケーキが食べられないの …………………………………………… 14
病気なんだ …………………………………………………………………… 16
車いすに乗っているよ ……………………………………………………… 18
視覚に障害があるよ ………………………………………………………… 20
聴覚に障害があるよ ………………………………………………………… 22

コラム2 人の「こまった」をささえる道具 …………………………… 24

読み書きが苦手なんだ ……………………………………………………… 26
こだわりがあるよ …………………………………………………………… 28
あわてんぼうだよ …………………………………………………………… 30
ゆっくりと大人になるよ …………………………………………………… 32
どんな性でも自分らしくいたい …………………………………………… 34

コラム3 わたしたちをサポートしてくれる人たち …………………… 36

インクルーシブってどんなこと？ ………………………………………… 38

この本の見方

1巻では、学校のさまざまな友だちが、自己しょうかいをします。

見出し
自己しょうかいをする友だちがみんなに知ってほしいことを見出しにしています。

名前のしょうかい
自分の名前をしょうかいしています。

外国とつながりがあるよ ❶

● ぼくの名前はユウキ。

お母さんがフィリピン人で、お父さんが日本人なんだ。だからぼくは、フィリピン人と日本人の「ダブル」。お母さんの国とお父さんの国、それぞれのよいところをもらっている、それでダブル。ぼくは日本で生まれ育ったから日本語が話せるけど、肌の色や顔立ちはみんなとちょっとだけちがうかも。日本は大好きだけど、いつか、お母さんの国、フィリピンにも行ってみたい。フィリピンは東南アジアにある国で、たくさんの島が集まっているんだ。一年中暖かくて、みんな陽気なんだって。海にかこまれているところは日本と同じだね。

フィリピンの伝統料理 チキンアドボ

フィリピンのお菓子 ハロハロ

タガログ語（フィリピン語）で、「ありがとう」は、「サラマット」と言うよ。

お母さんがつくるフィリピンの料理、大好きなんだ。

ハーフ（半分）じゃなくて、ダブル（2倍）?

日本では一般的に父親、母親のどちらかが外国人の場合、その子どもを、「ハーフ」とよんでいました。最近では、「半分」を意味する「ハーフ」ということばは適切ではないととらえられ、「倍」を意味する「ダブル」ということばが多く使われるようになっています。ほかに、「まじりあった」という意味で「ミックス」ということばを使う人もいます。

友だちへの質問
お母さんやお父さんの生まれたところに、行ったことがある？

10ページにつづくよ

本文
自己しょうかいをしています。

友だちへの質問
自己しょうかいに関係した、質問を投げかけ、つぎの自己しょうかいをする友だちにつないでいます。

カコミ
自己しょうかいに関連したキーワードやテーマの説明をしています。

わたしの大好きな友だち

はじめまして。
わたしの名前はサツキ。

小学校4年生だよ。本が大好きなんだ。
本を開くと、いつでもお話の世界に入っていけて、安心できるから。
学校では、休み時間によく図書室に行くよ。
友だちと遊ぶのも好きだけど、ひとりで本を読む時間も好きだよ。

わたしの学校には、いろいろな子がいるの。
わたしはその子たちのことが大好きで、もっとなかよくなりたいし、
みんなにも知ってもらいたい。
だから、その子たちに、自分のことを話してもらうんだ。
さあ、つぎのページから、みんなの自己しょうかいが始まるよ！

外国とつながりがあるよ ①

ぼくの名前はユウキ。

お母さんがフィリピン人で、お父さんが日本人なんだ。だからぼくは、フィリピン人と日本人の「ダブル」。お母さんの国とお父さんの国、それぞれのよいところをもらっている、それでダブル。ぼくは日本で生まれ育ったから日本語が話せるけど、肌の色や顔立ちはみんなとちょっとだけちがうかも。日本は大好きだけど、いつか、お母さんの国、フィリピンにも行ってみたい。フィリピンは東南アジアにある国で、たくさんの島が集まっているんだ。一年中暖かくて、みんな陽気なんだって。海にかこまれているところは日本と同じだね。

友だちへの質問: お母さんやお父さんの生まれたところに、行ったことがある？

10ページにつづくよ

フィリピンの伝統料理
チキンアボド

フィリピンのお菓子
ハロハロ

タガログ語（フィリピン語）で、「ありがとう」は、「サラマット」と言うよ。

お母さんがつくるフィリピンの料理、大好きなんだ。

ハーフ（半分）じゃなくて、ダブル（2倍）？

日本では一般的に父親、母親のどちらかが外国人の場合、その子どもを、「ハーフ」とよんでいました。最近では、「半分」を意味する「ハーフ」ということばは適切ではないととらえられ、「倍」を意味する「ダブル」ということばが多く使われるようになっています。ほかに、「まじりあった」という意味で「ミックス」ということばを使う人もいます。

外国とつながりがあるよ ②

ユウキの質問へのこたえ > お母さんとお父さんのふるさと、インドネシアに行ったことがあるよ。

わたしの名前はサリナ。

お母さんとお父さんはインドネシア人なんだ。頭にまいているのはヒジャブという布で、ムスリムの女の人がつけるものだよ。ムスリムは、イスラム教を信じている人のこと。わたしたち家族はムスリムなの。イスラム教のこと、みんなにも知ってほしいから、少ししょうかいするね。ムスリムは、クルアーン（コーラン）というイスラム教の教えをとても大切にしているの。一日５回、イスラム教の聖地メッカに向かっておいのりしているよ。それと、イスラム教徒は豚肉を食べてはいけないの。だから時どき、給食のかわりにお弁当を持っていくよ。

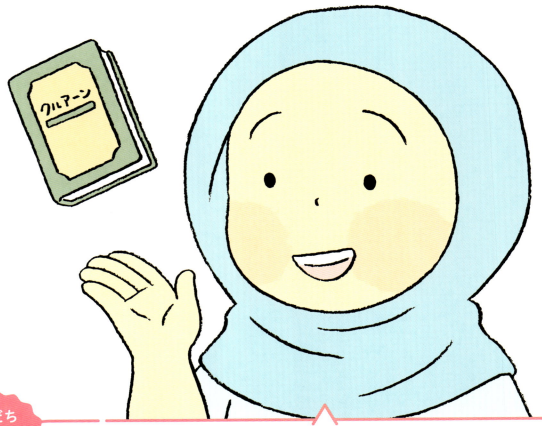

友だちへの質問 > みんなは、なにか大切にしていること、ある？

14ページにつづくよ

世界の宗教

宗教とは、神や仏の存在を信じ、その教えを守ることで、心のやすらぎを願ういとなみです。ここでしょうかいしたイスラム教のほかにも、世界にはさまざまな宗教があります。キリスト教、イスラム教、仏教は世界の三大宗教といわれています。また、ユダヤ教やヒンドゥー教、日本で古来から信じられている神道などもあります。国や民族（ことばや宗教、生活習慣などを同じくする集まり）によって、信じる宗教はさまざまです。

コラム1 みんな、少しずつちがう

世界には国境をはさんでとなりあっている国が多くあり、むかしから人の行き来もさかんでした。人びとが交流するうちに、ことばや肌の色がちがう人たちもまざりあっていったのでしょう。それにくらべると、日本は島国で、よその国との人の行き来もかぎられていたので、髪や肌の色も同じような人が多いですね。そんな日本では、外国につながりのある人の見た目は、多くの日本の人とちがって見えるかもしれません。でもよく見てみると、日本の人のなかでも、髪や肌の色、顔立ちは少しずつちがいます。同じように見えても、人はみんなちがうのですね。

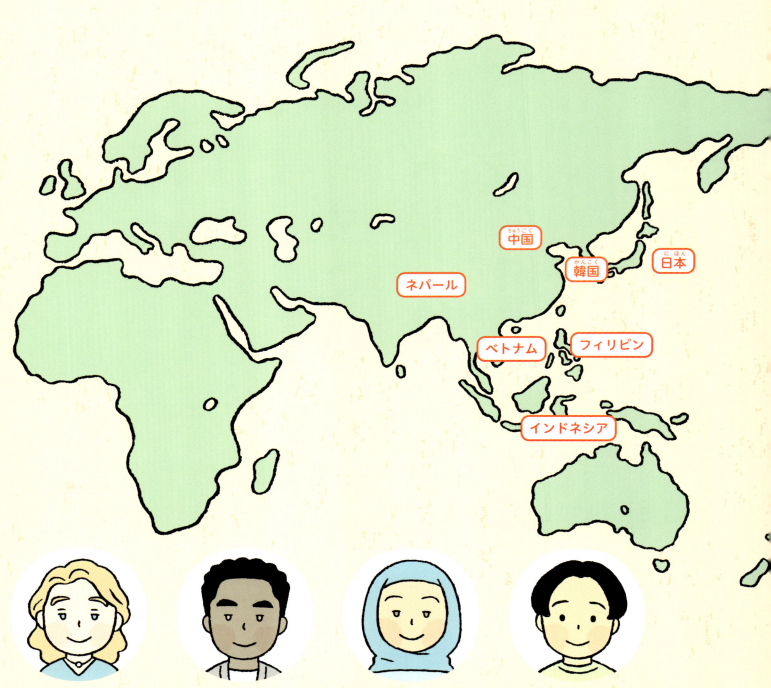

日本にいる、外国にルーツがある人はどのくらい？

旅行などで一時的に日本に来ている人をのぞく、日本でくらす外国人のことを在留外国人といいます。出入国在留管理庁（入管）の調べによると、2024年6月の在留外国人の数は358万8956人でした。国別でいうと、中国から来た人がいちばん多く、ついでベトナム、韓国、フィリピン、ブラジル、ネパール、インドネシアとつづきます。在留外国人の数は日びふえつづけていますが、ここ数年は、ベトナムやネパールから日本にやって来る人が、目立つようになっています。さまざまな国の人がふえることで、ことばや食事など、それぞれの国の多様な文化にふれる機会がますます多くなっています。

出入国在留管理庁　2024年6月現在の在留外国人数
https://www.moj.go.jp/isa/publications/press/13_00047.html

パンやケーキが食べられないの

サリナの質問へのこたえ 〉 自分のからだのために、食べものの決まりを大切に守っているよ。

わたしの名前はユナ。

なにかを食べるとき、その料理や食べものに、小麦の成分が入っていないかをたしかめなければいけないの。小麦はパンやパスタ、うどんだけでなく、ケーキやカレーのルウにも使われている。食べてしまうと、じんましんが出たり、ひどいときには呼吸ができなくなってしまうの。アナフィラキシーショックという命にかかわる危険な状態になってしまうこともあるよ。そういうときのために、エピペンという薬の入った注射器を持ち歩いているの。いざというときに、わたしを助けてくれる、お守りみたいな道具なんだ。

うどん / パン / ケーキ / カレー（ルウ）

友だちへの質問 〉 なにかとっておきの道具を使っていたりする？

16ページにつづくよ

いろいろな食品アレルギーの症状

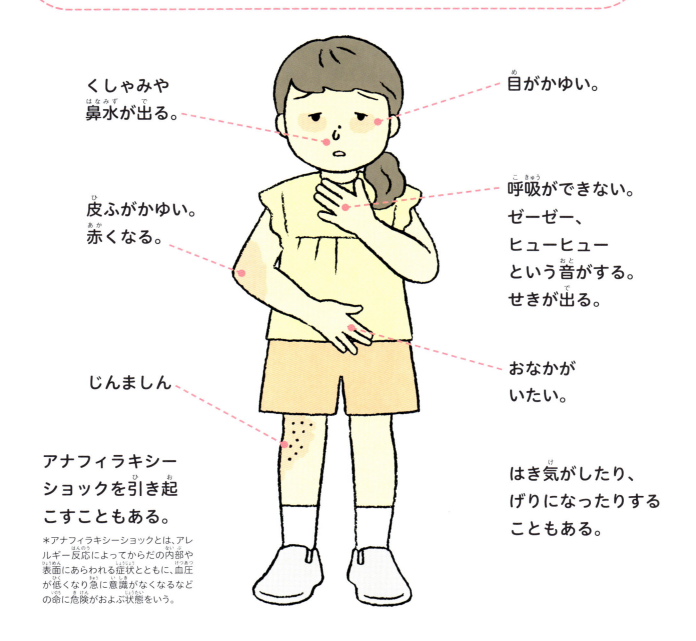

- くしゃみや鼻水が出る。
- 目がかゆい。
- 皮ふがかゆい。赤くなる。
- 呼吸ができない。ゼーゼー、ヒューヒューという音がする。せきが出る。
- じんましん
- おなかがいたい。
- はき気がしたり、げりになったりすることもある。

アナフィラキシーショックを引き起こすこともある。

＊アナフィラキシーショックとは、アレルギー反応によってからだの内部や表面にあらわれる症状とともに、血圧が低くなり急に意識がなくなるなどの命に危険がおよぶ状態をいう。

いろいろな食品アレルギーとエピペン注射

食品アレルギーには、小麦のほか、卵（鶏卵）、牛乳、魚卵をふくむ魚介類、そば、えびやかになどの甲殻類、果物、落花生（ピーナッツ）、クルミやカシューナッツなどの木の実類、大豆などがあります。アナフィラキシーショックを起こしやすい食べものとしては、卵、牛乳、木の実類などの順に多いとされています。エピペンは、アナフィラキシーショックの症状があらわれたときに、医師の治療を受けるまでの間、症状を一時的に弱め、ショックを少なくするために注射する薬です。

エピペン注射

病気なんだ

ユナの質問へのこたえ ＞ とっておきの道具、しょうかいするよ。

ぼくはタカシ。

ぜんそくがあるから、いつも吸入器を持ち歩いているよ。吸入器を持っているということで、ぼくは安心して、一日をすごすことができるんだ。なくてはならない道具だよ。

ぜんそくってどんな病気？

ぜんそくは、空気の通り道である気道に炎症が起こり、せまくなって、せきが出たり呼吸が苦しくなる状態（発作）をくりかえす病気です。呼吸が苦しくなると、ゼーゼー、ヒューヒューといった音がきこえたりします。ぜんそくには、吸入器で毎日薬を吸入し、気道に炎症が起こらないように、気をつけることが必要です。

吸入器

わたしはナツキ。

白血病なの。白血病は、血液の細胞ががんになってふえてしまう病気だよ。がんをやっつけるための治療で、病院にいることが多いけど、タブレットを使って学校の友だちと話したり、勉強したりしているよ。タブレットは大事な相棒なんだ。

白血病ってどんな病気？

小児がんは、子どもがかかるさまざまながんの総称で、なかでももっとも多いのが白血病です。白血病は、血液の細胞の一部が、白血球などになる前にがん細胞になって無制限にふえてしまう病気です。子どものがんは、大人にくらべて、放射線治療や化学療法のききめが高く、現在では7〜8割が治るといわれています。

友だちへの質問　たよりにしている相棒がいたら、教えてくれる？

18ページにつづくよ

車いすに乗っているよ

ナツキの質問へのこたえ たよりにしている相棒、それは車いす！

ミナトです。

ぼくは、小さいときにあしが動かなくなる病気にかかって、車いすの生活をしているよ。ぼくはからだを動かすのが好きで、バスケットが得意だから、毎日練習しているよ。将来は、車いすバスケの選手になりたいんだ。車いすバスケのことは2巻34ページでもくわしくしょうかいしているよ。

車いすバスケってどんなスポーツ？

一般のバスケットボールのルールとほぼ同じで、1チーム5人の選手がボールをうばい合い、ゴールにボールを投げ入れて、得点を競います。バスケットボールの技術に加えて、車いすを操作する技術も求められ、ときには車いす同士がはげしくぶつかり合う、スピード感と刺激のある人気のスポーツです。

カナデです。

わたしには脳性まひがあって、からだを動かしにくいの。手あしが思い通りに動かなかったり、ことばを発しにくかったりするんだ。でもボッチャなら負けないよ。ランプという道具を使ってボールを転がして、ねらったところに近づけるスポーツだよ。ボッチャは、わたしの特技だよ！

ボッチャってどんなスポーツ？

もともとは、ヨーロッパで生まれた重度の障害のある人のために考案されたスポーツですが、今では、障害のあるなしにかかわらず、老若男女、だれでも楽しめるスポーツとして注目されています。パラリンピックの正式種目にもなっていて、障害の内容や程度によってクラス分けをして競います。ボールを投げることができないクラスの選手は、アシスタントが操作する、「ランプ」という道具を使って、プレーをおこないます。

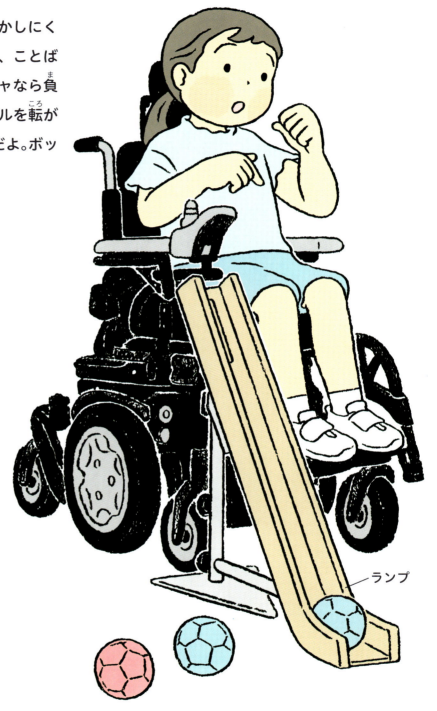

ランプ

友だちへの質問　みんなの特技を教えて！

20ページにつづくよ

視覚に障害があるよ

カナデの質問へのこたえ ＞ 「こまってます」を伝える、これってぼくの特技かも。

ぼくは、ミコト。

視覚に障害があって、生まれつき目が見えないんだ。勉強のときは教材を点字に訳してもらったり、文字を音声に変えるソフトを使っているよ。学校では、そうじをしたり、体育着に着がえたり、自分でできることは自分でするけど、できないときは、友だちに助けてもらうよ。こまっているときに、「こまっている」って、ちゃんと言えること、これ、もしかすると、ぼくの特技かもしれないな。

友だちへの質問：みんなの得意なことはなに？

22ページにつづくよ

こんなふうに助けてもらうよ！

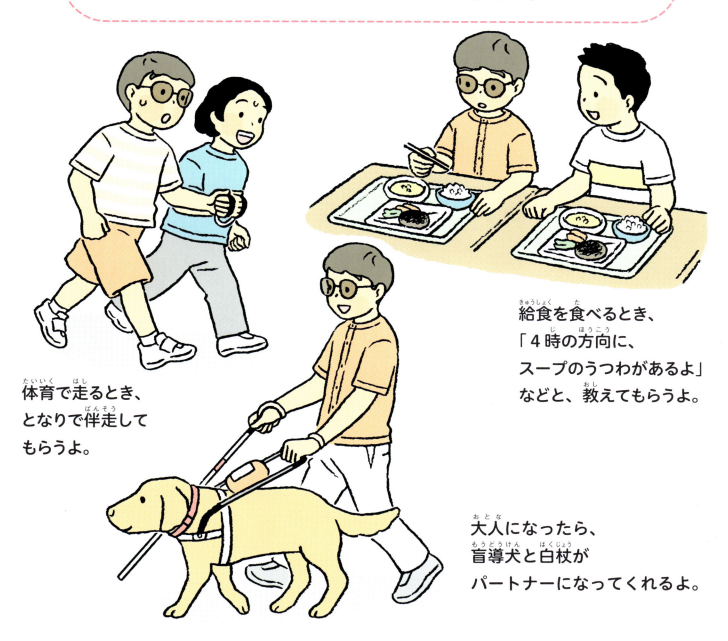

体育で走るとき、となりで伴走してもらうよ。

給食を食べるとき、「4時の方向に、スープのうつわがあるよ」などと、教えてもらうよ。

大人になったら、盲導犬と白杖がパートナーになってくれるよ。

視覚障害ってなに？

視覚障害とは、視力や視野（見える範囲）などの見る機能に障害があり、見ることが不自由、または不可能な状態をいいます。まったく見えない「盲」、見えにくい「弱視」、見える範囲が限定されている「視野狭窄」などに分かれます。それぞれの状態に応じて、盲導犬や白杖、点字、遮光メガネ、拡大鏡、ルーペ、単眼鏡などのほか、文字の音声読み上げソフトなどの補助器具を使っています。

視覚障害→2巻・3巻36ページ

ルーペ

単眼鏡

聴覚に障害があるよ

ミコトの質問へのこたえ > 手話で話をするのが得意だよ。

わたしは、ウタ。

聴覚に障害があって、まわりの音や人の声がきこえづらいの。音を大きくしてきこえるようにしてくれる補聴器は、わたしの強い味方だよ。先生が黒板のほうを向いて、板書しながら説明すると、口もとが見えないからよくわからなかったり、後ろから声をかけられると気づかないことがあるの。話をするときは、わたしの正面で口をはっきり開けてゆっくり話してくれるとうれしいな。手話が得意で、手話ができる人と話をするときは、ふだん話すときよりもおしゃべりになっちゃうの。

友だちへの質問 : みんなの好きなことは、どんなこと？

26ページにつづくよ

こんなふうにしてもらえたらうれしいな！

大きな声ではなく、
口をはっきりと開けて、
ゆっくり話してもらえると
うれしいよ。

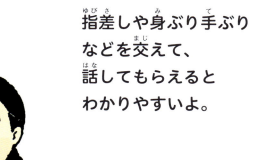

指差しや身ぶり手ぶり
などを交えて、
話してもらえると
わかりやすいよ。

なにかを始めるとき、
合図をしてもらえると
助かるよ。

聴覚障害ってなに？

聴覚障害とは、音を感じ脳に伝える経路（外耳、中耳、内耳）などに障害があり、音や話し声をきくことが不自由、または不可能な状態のことで、まったくきこえない「ろう」、とちゅうからきこえなくなった「中途失聴」、きこえにくい「難聴」に分かれます。それぞれの状態に応じて、補聴器、人工内耳、手話、口話、筆談、字幕、音声文字起こしソフトなどを使い分けています。

聴覚障害→2巻・3巻36ページ

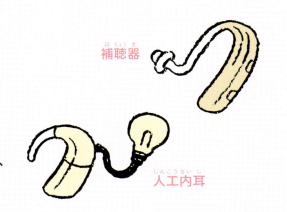

補聴器

人工内耳

コラム2 人の「こまった」をささえる道具

世の中にはメガネをかけている人が、たくさんいます。それは、メガネを必要とする人が、それだけたくさんいるということです。同様に年をとると、だれでも耳がきこえづらくなります。そんなとき、耳のおとろえを助けてくれる補聴器は強い味方です。メガネも補聴器も、だれかのこまりごとのために考えられ、多くの人が使えるように改良されたものです。人はみな、いろいろな道具にささえられて生活しています。一人ひとりのこまりごとに寄りそった道具がふえれば、その分だけ、みんなが楽しく快適にくらせる世界になるのかもしれませんね。

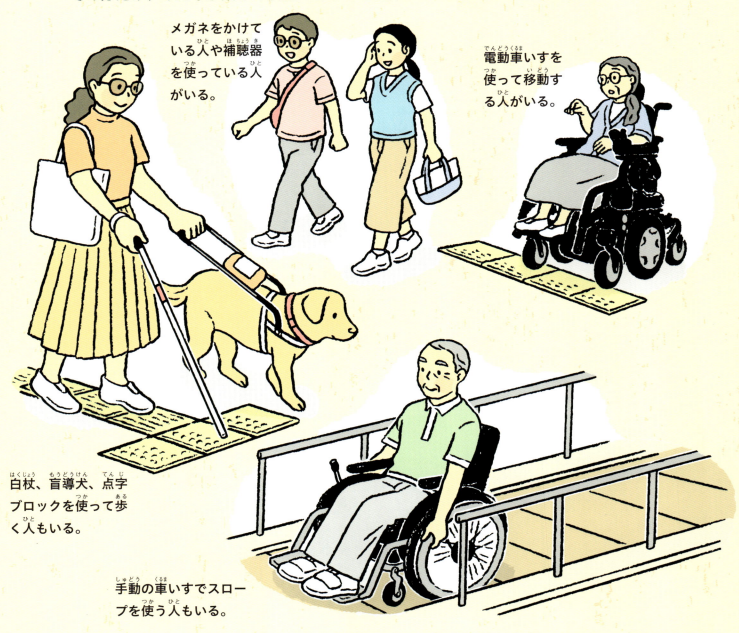

メガネをかけている人や補聴器を使っている人がいる。

電動車いすを使って移動する人がいる。

白杖、盲導犬、点字ブロックを使って歩く人もいる。

手動の車いすでスロープを使う人もいる。

車いすを使っているのはどんな人？

車いすを使う人は、あしを切断した人や動かせなくなった人、脳の障害でまひになったり、せき髄の損傷などで歩けなかったり、からだをささえられない人、高齢のため、歩行が困難になったり、転倒の危険がある人など、さまざまです。車いすには、手を使って自分で動かすもの、介助する人が動かすもの、電動のものなど、たくさんの種類があり、それぞれの状態で選びます。また、車いすを使うスポーツのためにつくられた、競技用車いすもあります。

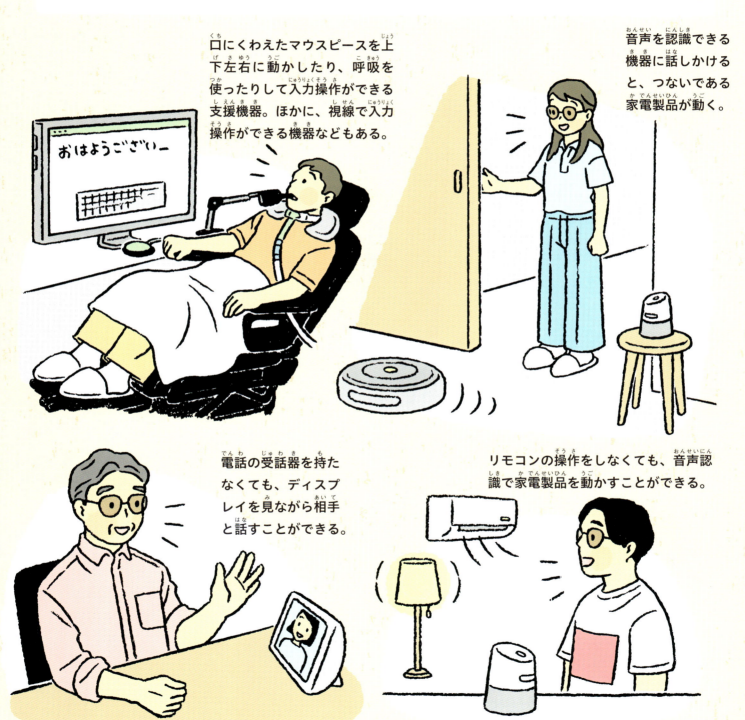

口にくわえたマウスピースを上下左右に動かしたり、呼吸を使ったりして入力操作ができる支援機器。ほかに、視線で入力操作ができる機器などもある。

音声を認識できる機器に話しかけると、つないである家電製品が動く。

電話の受話器を持たなくても、ディスプレイを見ながら相手と話すことができる。

リモコンの操作をしなくても、音声認識で家電製品を動かすことができる。

読み書きが苦手なんだ

ウタの質問へのこたえ　＞　**ぼくの好きなことは、工作だよ！**

ぼくは、ダイキ。

文字の読み書きが苦手なんだ。教科書を読もうとしても、字が重なって見えたり、にている文字とまちがえたりして、うまく理解できないんだ。文字の情報を上手につかみ取れない「学習障害」をディスレクシアというよ。ディスレクシアの人は音読や作文を書いたりするのは苦手だけど、3Dなどの立体でかたちを想像したり、ものごとの規則性を見つけたりするのが得意な人もいるよ。ぼくは、工作など手を動かすことが好きだよ！

友だちへの質問　**きみがむちゅうになれることも教えてくれない？**　28ページにつづくよ

こんなことが好きなんだ！

ことばで説明するより、
立体などのかたちに
あらわして人に伝える
ほうが得意なんだ。

工作は、
規則正しくつくっていくと
でき上がるから好きなんだ。

🖍 学習障害ってなに？

学習障害とは、知的な遅れがないのに、「きく」「話す」「読む」「書く」「計算する」「推論する」などの学習に必要な基礎的な力のうち、ひとつ、または複数のことがらが習得しづらかったり、使いこなすことがむずかしかったりする障害です。文字のかたちと読み（音）との対応がうまくいかず、文字を読むことがむずかしい「ディスレクシア（読字障害）」、文字を書くことがむずかしい「ディスグラフィア（書字障害）」、算数や計算などがむずかしい「ディスカリキュリア（算数障害）」などがあります。

学習障害→2巻・3巻37ページ

こだわりがあるよ

ダイキの質問へのこたえ　> 電車と虫のことなら、まかせて。

ぼくは、アオイ。

電車と昆虫が大好き。自分ではわからないけど、好きなことへのこだわりが人一倍強いんだって。お医者さんからは自閉スペクトラム症だといわれている。たしかに電車なら一日中見ていられるし、昆虫のことならむちゅうになって話すよ。それと、ルールを守って予定通りにきちんと行動するのも得意だよ。だからみんなでいっしょになにかをするときには、決まっていることを、前もってはっきりと教えておいてもらえるとうれしいな。

友だちへの質問　うれしいことって、どんなこと？

30ページにつづくよ

こんなことが得意だよ！

あらかじめ予定が決まっていると安心するよ。

細かいところにこだわってつくるよ。

ルールを決めて根気よくがんばるのが好きだよ。

自閉スペクトラム症ってなに？

自閉スペクトラム症は、対人関係が苦手で、ものごとに強いこだわりを示すといった特徴をもつ、発達障害のひとつです。病気というより特性と考えたほうがよいでしょう。視線が合わない、人の言ったことをおうむ返しする、名前をよんでもふりむかない、ひとり遊びが多いなど、まわりにあまり興味を示さないとされています。しかし、興味のあるものごとにはとことん取り組む、深い知識をたくわえる、決めたルールをきちんと守り、根気強くやりぬくなど、すばらしい特徴も多くもっています。科学者のアインシュタインや芸術家・科学者のレオナルド・ダ・ヴィンチもこの特性をもっていたと考えられています。

自閉スペクトラム症→2巻・3巻37ページ

あわてんぼうだよ

アオイの質問へのこたえ ＞ やさしく教えてくれたら、うれしいな。

わたしは、モネ。

「いいな！」って思ったら、すぐやってみたくなるの。でも、そのとちゅうでほかのことに興味が向いて、気がつくと、ちがうことをしてたりする。だから時どき、自分がなにをやろうとしてたのか、忘れたり、わからなくなったりしちゃう。お医者さんからはADHDだといわれているの。わたしは、楽しいことやワクワクすることが大好き。ときには約束やルールを守れなかったり、じっとしていられなくて動きまわることもあるけど、そんなときには、そっと教えてくれたら、うれしいな。

友だちへの質問 ＞ ワクワクするのは、どんなとき？

32ページにつづくよ

こんなふうにしてもらえたらうれしいな！

わかったらすぐ答えたいんだ。
ルールをまちがえていたりしたら、
やさしく教えてね。

さがしものが多いけど、おこらないで
教えてくれたらうれしいな。

注意していても、
教科書を忘れて
しまうことがあるの。
そんなときは、
見せてもらえたら
うれしいな。

ADHD（注意欠如・多動症）ってなに？

ADHD（注意欠如・多動症）は、忘れものが多い、集中して話をきくことがむずかしい、正確に作業することがむずかしいなどの「不注意」、たえず動きまわり、席をはなれるなどの「多動性」、順番を待てない、思ったらすぐ動きたいなどの「衝動性」という特徴がある障害のひとつです。興味があることには人一倍高い集中力を発揮し、得意なことなら指名されなくても答えるなど、ユニークな個性をもっています。発明家のエジソンや音楽家のモーツァルトは、ADHDだったといわれています。

注意欠如・多動症→2巻・3巻37ページ

ゆっくりと大人になるよ

モネの質問へのこたえ > ワクワクするとき、
それはみんなといっしょにいるとき！

わたしは、エナ。

生まれたときからダウン症っていう病気なんだ。そのせいかな？ 体力がつづかなくてつかれやすいんだ。それに、なんでもゆっくりなの。みんなのすることをじっくり見てから、行動するよ。そしたらまちがえないしね。それにわたしは、みんなといっしょにいるのが大好き。友だちが楽しそうにしていると、わたしも楽しくなっちゃう。みんながわたしを心配してくれるから、わたしも、だれかの心配やお世話をしてあげるような人になりたいんだ。

友だちへの質問 — みんなは、どんな自分でいたい？

34ページにつづくよ

ダウン症ってなに？

ダウン症（ダウン症候群）は、21番目の染色体が1本多いことで引き起こされる染色体異常の一種で、21トリソミーともよばれます。筋肉や関節がやわらかい、身長が低い、鼻のほねが顔のほかの部分のほねより育つのがおそいので、つり目になるなどの身体的な特徴があらわれます。また、知的な発達に遅れをともなうこともあります。ダウン症の人には、明るくてひょうきんな人が多いです。

ダウン症→2巻・3巻37ページ

どんな性でも自分らしくいたい

エナの質問へのこたえ　好きなかっこうをしたり、自分が好きだと思うことができたら、うれしいよ。

わたしは女の子だけど、男の子っぽいかっこうをするのが好き。ぼくは男の子だけど、かわいいものやきれいなものが好きだよ。わたしは女の子だけど、かっこいい女の子にあこがれる。ぼくは男の子だけど、すてきな男の子にひかれるな。女の子だから、男の子だからじゃなくて、自分らしくいたいし、すてきな人だから好きなんだよ。

わたしは、ホナミ。

ランドセルの色は青がいいな。男の子っぽいかっこうをするのが好き。スカートははきたくないな。

ぼくは、アキラ。

きらきらしたかわいい服やアクセサリーが好き。水着はラッシュガードを着るよ。

わたしは、カオル。

背がとても高いんだ。男の子みたいな服を着たいときもあれば、女の子らしいかっこうをしたいときもある。男の子、女の子って分けられるのに違和感があるの。

ぼくは、ルイ。
映画やドラマでは、男の俳優さんにばかり、目がいってしまうよ。

わたしは、ユウ。
友だちと恋バナをしていても、わたしが気になるのは、いつも女の子だな。

ぼくは、レイ。
すてきな人なら、女性でも男性でも好きだよ。好きになるのに、性別は関係ないと思うんだ。

LGBTQ＋(性的マイノリティー)とは？

異性を好きになるのがふつうだという考え方の人が多い社会から見て、そうでない少数派とされる人びとを「性的マイノリティー」などといいます。現在ようやく、「性は多様である」という考え方が広がってきました。LGBTQ＋は、Lesbian レズビアン（女性を好きになる女性）、Gay ゲイ（男性を好きになる男性）、Bisexual バイセクシュアル（男性も女性も好きになる人）、Transgender トランスジェンダー（自分が感じる自分の性とからだの性が一致していない人）、Questioning クエスチョニング（自分が感じる自分の性や好きになる性が決まっていない人）、＋プラス（そのほかにもいろいろな性の人がいるという意味）の頭の文字をとったことばです。もし友だちから、性について相談されたり、話をきいたりしても、その友だちの許可なくほかの人に話す（アウティングといいます）のは、絶対にしてはいけないことです。

コラム3 わたしたちをサポートしてくれる人たち

これまでしょうかいした友だち以外にも、学校にはいろいろな個性をもったわたしたちを、サポートしてくれる大人の人たちもいるよ。

特別支援教育支援員

障害のある子どもたちを中心に、すべての子どもたちの、学校生活での助けとなる役目をしているよ。

日本語指導担当教師

日本語がまだ身についていないことで日常生活で不便な思いをしている子どもに日本語を教える役目をしているよ。

保健室の先生

保健室にいて、けがや具合の悪いときに休ませてくれたり、いろいろな話をきいてくれるよ。

司書の先生

図書室にいて、本を通して子どもたちみんなとかかわったり、話をしてくれたりするよ。

わたしたちは、一人ひとりちがっていて、
みんな個性的で、それぞれだよね。
そういうことを、「多様性」というんだって。
先生が教えてくれたよ。

スクールカウンセラー
学校生活でのなやみをきいてくれるよ。子どもだけでなく、先生や保護者の話もきいてくれるよ。

スクールソーシャルワーカー
学校生活のなかで解決するべき課題を見つけて、みんながすごしやすくなるように支援してくれるよ。

担任の先生
クラスの子たちがすごしやすく楽しい学校生活をおくれるように、みんなをよく見ているよ。

看護師
病気やアレルギーなどがあって、気をつける必要がある子どもにつきそってくれたりするよ。

インクルーシブって

わたしたちが住む町や社会にはたくさんの人がくらしています。みんなが通う学校にも、いろいろな友だちがいることでしょう。みんなのクラスには、どんな友だちがいますか？ 顔立ちや髪の色、体格のほか、性格も一人ひとりちがいますね。元気に動きまわる人や明るくにぎやかな人もいれば、口数が少なくもの静かな人や、おだやかでやさしい人もいます。なかには、病気や障害のある人もいるかもしれません。

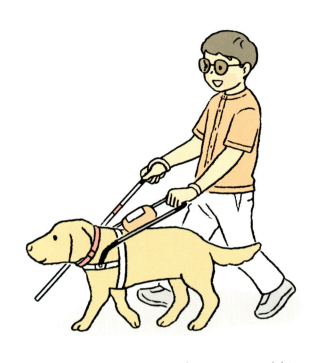

同じ顔や性格の人がいないように、好きなことや得意なこと、苦手なこともそれぞれ、考え方もさまざまです。だから当然、意見がぶつかることもあります。自分ひとりだけがみんなと意見がちがうなんてことも、よくある自然なことです。考えてみてください。クラスの友だちがみんな、同じ顔で同じ性格だったら、ちょっと変ですね。友だちだけではありません。学校の先生も、先生だからといってみんなが同じというわけではなく、一人ひとり個性があります。

みんながちがうということは、たくさんのアイデアが生まれる可能性があるということです。クラスや学校、町や社会など、たくさんの人が集まるところで、さまざまな人のさまざまな考えをいかすと、自分ひとりでは思いつかないような発想が生まれ、とてもおもしろくなります。

どんなこと？

これまでの学校や社会は、知らず知らずのうちに、大多数の人の考えや感じ方に合わせたつくりになっていました。たとえば、駅での移動が階段の場合、大多数の人にとってはなんでもないかもしれませんが、車いすを使う人はとてもこまります。エレベーターがあれば、車いすの人だけでなく、高齢者やにんしんしている人も楽に移動ができます。こんなふうにいろいろな選択肢が用意された社会なら、だれもが便利で、気持ちよくすごすことができます。いま世界は、こういったことに気づき、さまざまな意見や視点をいかした、「だれも取り残さない社会」をめざそうとしています。このような社会のことを、「インクルーシブな社会」といいます。

学校教育の場でも、インクルーシブの視点が注目されています。たとえば、障害のある人が通常の学級でみんなとすごすことが重要だとする考え方もそのひとつです。大多数の人があたりまえだと思っていたやり方だけでなく、ちがうやり方が必要な人がいる場合どうするかを考えることは、あらたな発見と全体の成長をうながします。いま、「インクルーシブ教育」をめざして、学校などでは、設備や人の考えなどの、さまざまなくふうがなされています。

監修者紹介

泉 真由子 （横浜国立大学理事・副学長・教授、D&I教育研究実践センター センター長）

なんとかなるからだいじょうぶ

早生まれだったこともあり、とにかく何をするにもマイペースでゆっくりとした子どもでした。友だちにくらべていろいろ遅れることの多いわたしを家族は「なんとかなるよ」といつも笑って見守ってくれたように記憶しています。今は、多様な人がいるからこそおもしろい発見や革新が生まれる社会のつくり方について仲間といっしょに研究しています。
研究テーマは、発達臨床心理学、インクルーシブ教育。博士（人文科学）。

高野 陽介 （横浜国立大学ダイバーシティ戦略推進本部 D&I教育研究実践センター 講師）

障害があっても、みんなといっしょに高校で勉強したい！

わたしは中学3年生のときの事故で、肢体不自由者となり、手足が思うように動かせなくなりました。字を書くことや運動することが難しいけれど、先生や友だちに助けてもらいながら学校生活をすごしました。大学では、障害のある人もない人も、みんながいっしょに楽しく学べるようにするためには、どんなサポートが必要かを研究しています。
研究テーマは、インクルーシブ教育、キャリア・職業教育。博士（教育学）。社会福祉士。

中 知華穂 （横浜国立大学ダイバーシティ戦略推進本部 D&I教育研究実践センター 講師）

子どもはよく遊ぶから、「遊」という漢字には「子」が入ってるんだよ

わたしは小学校のとき、漢字をおぼえることがとても苦手でした。でも先生が、いっしょにおぼえ方を考えてくれて少し楽になりました。今は、さまざまな背景のある子どもたちが楽しく勉強に取り組めるための方法について研究しています。
研究テーマは、発達障害のある子どもたちへの読み書き支援。博士（教育学）。公認心理師、臨床発達心理士。

芳賀 誠 （横浜国立大学ダイバーシティ戦略推進本部 D&I教育研究実践センター 講師）

自分と考えがちがう人は、新しい発見を分けてくれる人かも……

20年間、小学校の先生をしていました。学校にはいろいろな先生、いろいろな友だちがいます。「自分は、みんなとちがう」と思ったことがある人はいませんか？ でもよく見ると、同じ人なんていないのです。大学では、得意なことや苦手なこと、好きなものや嫌いなものがちがっても、みんなで楽しくすごせる学校について研究をしています。自分とは考えがちがう人の意見も大事なヒントになることがあります！
研究テーマは、インクルーシブ教育、保護者支援。修士（特別支援教育）。

五島 脩 （横浜国立大学ダイバーシティ戦略推進本部 D&I教育研究実践センター 助教）

"学校ではない場所"で勉強している友だちがいることを知っていますか？

病気になり学校には通えないけど、治療をがんばりながら、病院のなかや自分の家で勉強をしている友だちがいます。わたしは、病院や家で治療をがんばっている友だちがどのような環境だったら学びやすくなるのかなということを研究しています。
研究テーマは、教育工学、病弱教育。修士（教育学）。

金城 尚義 （横浜国立大学ダイバーシティ戦略推進本部 D&I教育研究実践センター 助教）

みんなの"できた！"をふやしたい

小学校のときは、体育や算数が大好きで、体を動かすのが得意な子どもでした。でも、給食のにおいが苦手で食べるのが大変だったことも……。今は、特別支援学校での教員経験をいかして、障害がある子どもたちがICTを使って学びやすくなる方法を研究し、だれもが、みんなといっしょに楽しく学べる環境を目指しています。
研究テーマは、知的障害教育、障害がある子どもへのICT・ATを活用した学習支援。修士（特別支援教育）。

絵でみる！はじめてのインクルーシブ教育

みんなちがって みんな友だち

① 知りたい！ 学校の友だち

2025 年 3 月 15 日　第 1 刷発行

監修	泉 真由子＋横浜国立大学 D&I教育研究実践センター
装丁・本文デザイン	倉科明敏（T. デザイン室）
DTP	山名真弓
企画・編集	山岸都芳（小峰書店）
	永田早苗
イラスト	ながしまひろみ
	オグロエリ（40 ページ）

発行者	小峰広一郎
発行所	株式会社 小峰書店
	〒 162-0066　東京都新宿区市谷台町 4-15
	電話 03-3357-3521
	FAX 03-3357-1027
	https://www.komineshoten.co.jp/
印刷・製本	TOPPANクロレ株式会社

NDC378　40P　29×23cm　ISBN978-4-338-36901-5
©2025 Komineshoten Printed in Japan

◎乱丁・落丁本はお取り替えいたします。◎本書の無断での複写（コピー）、上演、放送等の二次利用、翻案等は、著作権法上の例外を除き禁じられています。◎本書の電子データ化などの無断複製は著作権法上の例外を除き禁じられています。◎代行業者等の第三者による本書の電子的複製も認められておりません。